AF259546

TOUT ÇA M'EMBÊTE

A LA FIN

NOS SOCIALISTES

UN OUVRIER AUX OUVRIERS

PARIS

CHEZ TOUS LES LIBRAIRES

1869

Paris. — Impr. de H. Carion, 64, rue Bonaparte. — 503

TOUT ÇA M'EMBÊTE

A LA FIN

NOS SOCIALISTES

Le temps des élections, c'est le carnaval de Charenton.

On écrit et on dit bien des sottises depuis quelque temps. — C'est une inondation de candidatures et d'insanités ; — chacun se porte à la députation. — Je m'étonne d'une chose, c'est que le nombre des aspirants ne soit pas plus considérable. — Le commerce ne donne pas ; les marchands de rideaux et de clyso-pompes s'abstiennent ; — c'est dommage : — une candidature vaut mieux comme réclame qu'une promenade de mi-carême avec accompagnement de polichinelles variés et de cors de chasse assourdisssants ; demandez plutôt aux avocats, auxquels le conseil de l'ordre ne laisse que ce moyen pour faire de l'affiche.

Ce bienheureux temps des élections, c'est le moment où toutes les folies et toutes les mesquines ambitions font trottoir.

Quant à moi, qui ne suis qu'un ouvrier, qui ne sais rien, et n'en saurai jamais davantage, ce ne m'est pas une raison pour n'avoir pas un peu de bon sens, et ne pas remarquer qu'on se moque de nous. — J'enrage de voir mes camarades trompés par les décevantes promesses des socialistes coureurs d'aventures, qui n'ont rien, pas même un métier.

Eh bien, soit, parlons une bonne fois, pour n'y plus revenir, du socialisme, qu'on nous représente comme la *panacée* des sociétés modernes.

Parmi les socialistes candidats à la députation la plupart n'affichent aucun programme, car ils n'en ont pas, ou bien en ont un par trop radical qu'ils n'osent publier de peur de se mettre mal avec la justice ou avec la masse des électeurs, mais ceux-là sont plus explicites avec leurs intimes, et s'en vont crier dans les carrefours leurs élucubrations malsaines.

Les uns veulent le communisme pur et simple, le partage des biens, le renversement de la famille.

D'autres veulent simplement déplacer la propriété, retirer à ceux qui ont acquis pour donner à ceux qui n'ont su rien gagner et rien su économiser. « Les ri-
« ches, disent-ils, ont eu assez de jouissances, c'est le
« tour du pauvre. »

D'autres encore prétendent avoir seuls le monopole du bonheur du peuple. — Ayez confiance en nous, s'é-crient-ils, faites-nous dictateurs, et vous verrez comme vous serez contents. — Pour commencer nous ferons tuer tous ceux qui nous déplairont, — ce qui vous paraîtra infiniment drôle et vous permettra d'attendre que nous ayons trouvé une forme de gouvernement, sur quoi nous ne sommes pas encore bien fixés.

Qu'on ne m'accuse pas d'exagération en tout ceci. — Je pourrais mettre des noms au bas de chacune de ces folies.

Bien que tout cela ne s'écrive pas et ne se dise que dans les courants d'air des portes cochères, c'est néan-moins avec ces théories embryonnaires qu'on enrégi-mente pour le vote un grand nombre des fils de la chimère.

Faut-il répondre à tout ce pathos? Je le pense, car je sais que beaucoup de mes camarades se sont laissé séduire par ces déclassés qui veulent nous pousser à des révolutions sociales, dont eux seuls récolteront le fruit, car ils ont pour eux, à défaut de capital, une éducation première que nous n'avons pas.

Nous, ouvriers, nous avons le travail manuel, le salaire de chaque jour, et l'espoir de pouvoir un jour diriger un petit commerce.

Arrière donc les déclassés, les naufragés de l'opulence sociale, qui veulent vendre notre sang pour s'en faire litière d'ambition.

Arrière donc ces affamés de richesses, fruits secs de collége, qui, couverts d'habits noirs en lambeaux, ont des appétits mille fois plus grands que les nôtres, et veulent se faire de nos cadavres un pont pour arriver au pouvoir et à la satisfaction de leurs monstrueuses passions.

Qu'est-ce donc que le socialisme et les socialistes ?

C'est par eux que nous devons commencer; ils sont les plus nombreux.

La méthode des socialistes est toujours la même : soulever les peuples en leur rappelant leurs misères, mais ils n'apportent aucun remède aux maux qu'ils signalent.

Ce qui distingue les socialistes, c'est de ne pas même reconnaître aux gouvernements qu'ils veulent renverser le droit d'accorder les libertés qu'ils promettent. Ce qui distingue les socialistes, c'est leur profonde désunion ; ils ne se rattachent ni à un homme, ni à une idée, ni à une forme de gouvernement ; ils sont nés révolutionnaires, ils mourront révolutionnaires.

Associés aujourd'hui pour présenter au peuple la hache qui doit frapper, ils se réservent le droit de se séparer et de se révolter demain si la fortune donnait la victoire à leur société de hasard.

Les socialistes ne reconnaissent de généraux qu'en temps de guerre.

Au jour du triomphe les soldats se débandent et veulent gouverner le peuple en tirailleurs.

Il y a autant de formes de socialisme qu'il y a de socialistes. — Chacun d'eux prétend à sa manière devenir un jour le libérateur du monde, — mais comment ? — Il ne s'explique pas, il ne s'expliquera pas.

Les socialistes n'ont ni plan de conduite, ni théorie, ni pratique ; ils veulent combattre et régner dans le mystère.

Aussi, est-il très-difficile de répondre aux attaques de ces réformateurs ; — ils sont insaisissables, — Si vous leur reprochez d'avoir écrit des absurdités, il se trouvera qu'il ne les ont jamais dites ; — ils vous ont signalé le mal, ils ont pleuré sur les malheurs du peuple ; mais ont-ils indiqué le remède ? c'est à vous qui gouvernez ou qui voulez gouverner de le trouver.

S'ils expriment quelques vœux dans leurs écrits, c'est toujours en re-tant dans le vague des théories.

Acceptons pourtant leurs doctrines telles qu'elles se produisent dans leurs professions de foi, et tâchons de soulever les voiles impénétrables dont ils s'enveloppent.

Les socialistes demandent pour les ouvriers la liberté de s'associer entre eux.

Mais cette liberté existe, a toujours existé, jamais aucune loi ne l'a méconnue. — Ce n'est donc pas cette liberté-là qu'ils réclament si haut. Ce qu'ils veulent le voici : Ils désirent que l'État fournisse des capitaux à tous les ouvriers auxquels il prendrait fantaisie de fonder une usine industrielle.

Soit, je le veux bien, examinons cette hypothèse. — Une grande industrie, une forge, une fabrique de tissus, par exemple, coûte plusieurs millions en achat de terrain, en construction, en mobilier, en matériel, et elle emploie deux ou trois mille ouvriers; — il faut encore l'argent pour mettre la fabrique en *allage*, pour attendre les produits, les mettre dans le commerce et les écouler.

Ce serait donc l'État qui fournirait des capitaux aux usines en train de se fonder ou même qui exproprierait les industries existantes pour les transformer en associations ouvrières, — ce serait donc l'État qui répartirait toutes les actions coopératives entre tous les ouvriers associés. — L'État prêterait ainsi cinq millions environ à deux mille ouvriers, sans leur demander d'autre garanties que celles d'avoir été ouvriers et de s'engager à travailler dans l'usine fondée,

Des milliers de demandes arriveraient en même temps au gouvernement, et ce serait justice. — Qui donc prêterait les cinq ou six milliards dont l'État aurait besoin pour ces avances.

A coup sûr, ce ne seraient ni les banquiers, ni les rentiers, ni les capitalistes; vous ne voulez ni des uns ni des autres.

Essayez de la violence pour accaparer le capital, et vous verrez que vous ne trouverez pas deux cents francs dans toute la France par ce moyen; l'argent se cachera, et pour le trouver il vous faudra démolir des villes entières, bouleverser les champs et les forêts.

Vous ne pourrez donc procéder par voie d'emprunt, il vous faudra recourir à l'impôt, et l'impôt s'abattra terrible sur la malheureuse agriculture qui n'a pas de capitaux ; vous pourrez saisir les terres, démolir les fermes, elle ne paiera pas; vous vendrez, vous ne trouverez pas d'acheteurs.

Vous ne pouvez compter sur d'autres ressources puisque votre programme supprime les douanes et les impôts indirects de consommation. — Le commerce ne vous donnera rien, car il sera ruiné ; vous ne voulez plus de grands commerçants, vous ne voulez plus d'intermédiaires entre le producteur et le consommateur.

Je suppose, cependant, que vous avez pu réussir à fonder des usines coopératives. Qui administrera, qui commandera aux deux mille ouvriers? — L'élection choisira les chefs. — Bien. — Mais, dans cette fabrique bourrée d'associés, tous voudront-ils travailler? les chefs élus auront-ils le pouvoir de renvoyer les paresseux et les incapables? On ne renvoie pas ainsi des associés, ils sont propriétaires; vous devez les garder.

Ne savez-vous pas aussi que dans l'industrie les plus petites erreurs, les plus insignifiantes négligences amènent la ruine? — L'administrateur que les ouvriers auront élu, ou manquera d'activité, ou manquera du pouvoir nécessaire pour se faire obéir, ou plus souvent encore il manquera de zèle pour les intérêts coopératifs; — c'est un employé; il paraîtra assidu, mais il ne donnera rien de son repos et de ses veilles. — Non, ne vous y trompez pas, l'intérêt personnel seul peut enfanter les merveilles de génie spécial et d'initiative individuelle, nécesaires à la conduite d'une grande entreprise. — Et cela est si vrai, que les usines que le gouvernement dirige, avec des ingénieurs nommés par lui ne peuvent soutenir la concurrence avec les fabriques fondées par des particuliers, et cependant l'État a un contrôle sévère, il traite les ouvriers, non comme des associés, mais comme des mercenaires, qu'il renvoie s'il est mécontent de leurs services, s'ils ne travaillent pas, s'ils font de vilaine besogne.

Et vous, associations coopératives, vous voudriez

soutenir la concurrence avec l'industrie étrangère qui ne serait pas assez sotte pour vous suivre dans la voie dans laquelle vous entreriez, qui innondera votre pays de produits fabriqués à bon marché, car le consommateur ne veut des douanes *sous prétexte de protection.*

Allons donc, vos usines coopératives périront parce qu'elles n'auront ni chefs ni ouvriers ; elles périront parce qu'elles seront ruinées par des caissiers infidèles, qui disparaîtront un jour emportant à l'étranger les économies et le pain de milliers de famille.

Vous produirez moins et moins bon dans vos usines coopératives que dans les fabriques étrangères, et vos ouvriers auront un salaire moindre que celui des ouvriers des autres pays dirigés par des patrons.

Vous voudrez lutter sur vos frontières, et il vous faudra conquérir le monde.

Mais dites-vous, nous voulons l'État propriétaire et les ouvriers associés aux bénéfices.

Bon, vous voulez tuer la propriété privée et remplacer l'individu par l'État, transformer la France en caserne ; vous ruinez encore l'industrie dans notre pays, car l'État ne pourra pas se défendre contre les paresseux, il devra les subir dans ses fabriques; il n'a pour se faire obéir, dans votre hypothèse, que l'exil et la prison; où enverrait-il ses mauvais ouvriers?

Nous voici d'ailleurs en plein communisme et nous avons encore affaire avec les socialistes.

Des socialistes, *des candidats à la députation*, demandent le DROIT AU TRAVAIL. — J'avoue que je ne comprends pas. — Le droit au travail est un mot sonore, mais encore faut-il lui donner un sens pratique? —Eh bien! le droit au travail ne peut être que le travail caserné avec ces agréments de caporaux et de sous-officiers industriels dont nous venons de parler.

Ou bien le droit au travail consisterait en bons de délégation que l'État délivrerait aux ouvriers. — Les propriétaires seraient respectés, mais ils devraient chaque année, à certaines époques, fournir des travaux à faire à des compagnons envoyés par le gouvernement; ils travailleraient ou ne travailleraient pas, les propriétaires auraient besoin ou n'auraient pas besoin d'ouvriers; peu importe! — on délivrerait des bons de délégation de travail comme on délivre aujourd'hui des billets de logement aux soldats de passage.

Paris. — Impr. de H. Carion, 64, rue Bonaparte. — 503

En vérité, tout cela serait bien bouffon si ce n'était pas si triste, car des ambitions insensées se cachent derrière ces théories qui renferment la ruine d'une nation.

D'autres socialistes, *toujours des candidats à la députation de Paris*, demandent l'abolition de l'intérêt de l'argent, apparemment pour attirer les capitaux dans leurs associations industrielles et coopératives.

En vérité, il faut être naïf jusqu'à la plus extrême sottise pour s'imaginer que les capitalistes prêteraient de l'argent destiné à faire la fortune des autres et qui ne leur rapporterait à eux-mêmes aucun profit, alors qu'ils auraient toutes les chances possibles de le perdre.

Non, l'argent disparaîtrait et se cacherait.

Nous forcerons bien les capitalistes, me répondent les apôtres, à déterrer leurs écus et à nous les prêter.

Nous voici donc arrivés au vol légalisé et à l'échafaud en permanence.

Cette solution nous amène naturellement à nous occuper d'un certain M. Hugelmann qui fait une profession de foi socialiste pour se faire plaisir à lui-même, ou pour rendre des services aux autres (je ne sais pas)

mais ce Monsieur crie, tempête et menace — « Si la
« propriété, dit-il, ne veut pas compter avec le socia-
« lisme, on la confisquera. » — Ceci ressemble fort à
du chantage.

Mais enfin c'est de la violence ; c'est le pillage an-
noncé.

Eh ! soit, M. Hugelmann, j'aime mieux cela ; eh bien !
essayez, et vous verrez si Paris qui travaille sait se défendre.

Ah ! je sais bien que Paris est désarmé, privé depuis
longtemps de son initiative, du droit de s'associer, de
compter ses ennemis et ses amis.

Ah ! je sais bien que depuis longtemps Paris est endormi sur l'oreiller d'une sécurité factice, et s'est ac-
coutumé à se reposer sur d'autres du soin de se défendre.

Ah ! je sais bien que depuis longtemps le Parisien a
abdiqué son titre de citoyen et qu'on l'entend à tous
les carrefours s'écrier : « Le gouvernement devrait faire
ceci ; empêcher cela. »

Ah ! je sais bien que Paris, la ville de deux millions

d'âmes, Paris la ville immense, Paris la ville du génie, de la sottise, des vertus et des vices, traîne à sa suite une armée de 50,000 brigands, échappés de prison, rôdeurs de barrières, et associés du commerce de filles; je sais bien que ces hordes sont enrégimentées pour le mal et n'attendent qu'un signal pour s'abattre sur Paris qui vit de son travail et pour y promener le meurtre, le pillage et l'incendie.

Ah ! je sais bien que vos amis, *des candidats aussi*, demandent l'abolition absolue et immédiate des armées permanentes, ne gardant pas même les cadres d'officiers et de sous-officiers laissant la France à la merci de l'étranger, et les grands centres de population sans défense contre les entreprises des associations de brigands.

Eh bien, malgré tout cela, je vous le dis, monsieur Hugelmann, les soldats du crime pourront surprendre deux heures durant, Paris endormi dans le sommeil de la stupeur.

Mais ensuite viendra le réveil, un réveil terrible.
Ensuite viendra la bataille, ensuite viendra la victoire.

Et les galères retourneront aux galères.

A Dieu ne plaise, cependant, que je veuille défendre la théorie des armées permanentes, ce luxe ruineux d'une nation en décadence. — La France entretient aujourd'hui huit cent mille hommes plutôt pour commander aux Français que pour se défendre contre l'étranger. Les peuples voisins craignent, avec juste raison, que, pour des motifs de médication homœopathique et dérivative d'administration intérieure, toutes ces forces ne soient, à un moment donné, retournées contre leur propre sûreté, et eux aussi se ruinent en bataillons nombreux. Eh bien, rendez à l'industrie et à l'agriculture six cent mille jeunes hommes, en en gardant deux cent mille pour les cadres et la police intérieure, et vous aurez affranchi l'Europe des armées permanentes, et vous aurez rendu trois à quatre millions de citoyens à leur famille et à leurs travaux.

D'autres réformateurs de la même secte radicale demandent, *au nom du peuple*, la suppression de tous les octrois et surtout celle des octrois de la ville de Paris.

— Voyons, Messieurs les tribuns, c'est au nom des gens heureux et des petits rentiers que vous parlez, mais, à coup sûr, ce n'est pas la cause des ouvriers que vous défendez là.

— Vous savez, aussi bien que moi, que ce sont les riches accourus de leur province pour chercher à Paris les plaisirs que donne la grande ville, qui paient les octrois excessifs de l'immense cité. — Vous savez aussi bien que moi que l'ouvrier ne paie rien puisqu'il n'a rien que son salaire et que son salaire est beaucoup plus élevé que celui des départements, et proportionné aux dépenses de la vie de Paris.

— Supprimez les octrois, les salaires diminueront proportionnellement, car les travailleurs des provinces sont aux portes de Paris, et feront, par la concurrence, descendre les prix au taux d'une juste équivalence.

— Qui donc paie les octrois de Paris? C'est le riche. Le riche, qui emploie les ouvriers, le riche, qui les paie, le riche, qui fait bâtir, le riche, qui monte en carrosse, le riche, qui se promène au bois.

Supprimez maintenant les octrois de la ville de Paris, vous ruinez Paris, le grand rentier, le grand démolisseur, le grand bâtisseur. Paris; qui donne aux opulents le goût du luxe et de toutes 'es dépenses ; supprimez-y les octrois, et vous laissez sans travail des milliers d'ouvriers.

On rencontre d'autres radicaux, et d'autres socialistes plus sérieux, qui demandent l'impôt progressif et l'impôt sur le revenu. — En ceci je ne contredis pas, bien que cet impôt me paraisse inapplicable dans la pratique, et malheureux pour la cause du travail que vous soutenez ; car il tuerait le luxe, qui fait vivre tant de travailleurs et place l'industrie française si haut dans la fabrication du monde. — D'ailleurs, il me semble plus juste que le consommateur paie en raison de ce qu'il consomme, et je ne comprendrais pas que, si au lieu d'acheter un petit pain d'un sou, j'en prenais quatre, je fusse obligé de payer au boulanger six petits pains au lieu de quatre...

.... Enfin !!!

De quelque côté qu'on se tourne, on voit la doctrine socialiste aboutir au communisme le plus pur et au casernement le plus tyrannique.

Le socialisme est un communisme honteux qui se cache et ne peut se formuler sans tomber dans l'ornière des absurdités banales, aussi se borne-t-il à prêcher des bouleversements sociaux, et se tait-il d'habitude sur ses projets.

L'idée socialiste est entretenue dans les foules par l'âcre jalousie des pauvres contre les riches, par des désespérés qui, las d'attendre la fortune, voudraient supprimer des biens dont ils ne peuvent jouir ; peu leur importe qu'ils deviennent plus malheureux qu'ils ne le sont ; ce qu'ils veulent, c'est ne pas voir les autres heureux, ils veulent niveler le monde par la misère.

Cette secte politique et sociale est servie par quelques intelligences déclassées qui veulent s'en faire un marche-pied pour arriver au pouvoir dont elles ont soif.

Elle a été un moment exploitée, je crois, par des hommes habiles qui la montraient comme un épouvantail au peuple et à la propriété, afin de mieux affirmer leur autorité.

Je sais bien que la richesse a ses abus et ses ridicules.

Vous vous indignez à juste titre contre les gandins, ces paresseux de trottoir qui encombrent Paris de leur lourde sottise et de leur insolence dorée.

Mais, est-ce que la misère n'a pas aussi ses gandins et ses paresseux de ruisseau ? Qu'est-ce donc, s'il vous plaît, que ces jeunes hommes, marchands de contre-marque, souteneurs de filles ? qu'est-ce donc, s'il vous plaît, que ces filous de bas étage dévalisant les pauvres quand ils ne peuvent approcher les riches ?

Ceux-là pourraient travailler, sont-ils des ouvriers ?

Nierez-vous, cependant, que les riches ne soient souvent travailleurs et utiles à la civilisation ?

Que font donc ces hommes qui, après vingt années d'études universitaires, s'enferment encore vingt au-tres années pour préparer à la civilisation de nouvelles découvertes et de nouvelles fêtes, et au monde de nou-velles jouissances ? Le pauvre comme le riche ne s'as-seoient-ils pas au banquet du progrès, et ne profitent-ils pas à différents degrés des merveilles créées par la science et l'industrie ? Le peuple n'est-il pas mieux nourri, mieux vêtu aujourd'hui ? ne jouit-il pas des chemins de fer et de toutes les nouvelles conquêtes du genre humain ?

Quant des hommes consentent à s'enfermer quarante ans, sans autre espoir qu'un peu de gloire future, dans une vie de retraite et de labeurs sans merci, ne leur faut-il pas des économies, et un peu de fortune pour assurer leur existence ?

Je ne dis pas cependant qu'il n'y ait rien à faire ; au contraire ; mais procédez lentement et sagement, ne proposez des réformes à la société que quand vous aurez trouvé des moyens pratiques pour les affirmer, tâchez d'élever les classes laborieuses au-dessus de l'aisance sans vouloir ruiner les grandes fortunes. — Atteindre le luxe ce serait retirer du pain à vos enfants. — Les vétérans du travail ont droit à une retraite, mais soumettez-vous comme le fait l'employé du gouvernement à une petite retenue sur vos salaires ; elle serait versée par les patrons aux caisses de l'état, et vous n'auriez plus droit à cet argent qu'aux jours de votre vieillesse.

Tout ceci est possible, peut et doit être fait, mais tout ceci doit être fait sans violence.

La liberté seule, croyez-moi, sait assurer le progrès.

Quant au communisme, c'est l'orgie de l'imagination en délire. C'est la ruine, c'est la misère, c'est la mort ! !

Il fut une époque dans l'histoire où une secte religieuse rêva le communisme et voulut soumettre le monde au niveau dogmatique.

Cette secte née de la décadence d'un empire, savez-vous comment elle procéda ;

L'esclavage existait, sous prétexte d'égalité, là où il y avait dix esclaves, elle en fit cent, en enlevant la liberté à ceux qui la possédaient ; elle couvrit la terre de communautés de célibataires qui, sous prétexte de nourrir les pauvres, accaparèrent toutes les fortunes. — La famille fut en suspicion, la propriété fut proscrite ; le travail devint une servitude, la mendicité fut ennoblie. — Et la corporation iératique absorbait, toujours absorbait — bientôt il n'y eut plus ni hommes libres, ni propriétaires.

C'est alors que quelques révoltés, quelques brigands surgirent de tous côtés, ils volaient sur les grands chemins, ils dépouillaient les associations de célibataires, ils devinrent riches et enfermèrent la terre dans un cercle de forteresses; les esclaves restaient, ils mouraient de faim, de misère et de peste.

Mais alors une nouvelle propriété renaissait de cette source impure du brigandage, elle s'associait avec la société iératique qu'elle venait de voler pour opprimer ce qui restait du peuple.

Et cela dura jusqu'au jour de la révolte.

Dites-le moi, amis, voulez-vous de ce socialisme-là de ce communisme-là?

. . . .

. . . .

Quant à ces fous qui rêvent d'être les rois du sang, les discuter c'est leur faire trop d'honneur.

N'importe, malgré votre dégout, malgré le mien, j'irai jusqu'au bout.

Oui il est des gens qui se sont laissé griser par les souvenirs d'Hébert et de Robespierre ; — j'admettrai, si vous le voulez, qu'on puisse excuser ces hommes énergiques qui ont sauvé la patrie alors que la France était menacée par l'étranger au dehors, par l'insurrection dans les provinces, et les conspirations à Paris.

Oui, si vous pouvez excuser des hommes qui ont eu

le triste courage de sacrifier de sang froid tant de Français, n'oubliez pas non plus quelle a été leur chute ; ils ont tué la révolution de 1789 en la rendant odieuse, et vous avez vu plus tard revenir Charles X.

Mais maintenant que veulent ces énergumènes alors que la France est calme, qu'elle n'est menacée, ni à l'extérieur ni à l'intérieur — Ce qu'ils veulent, ce sont des égorgements conçus et exécutés sans raison comme sans but.

Maintenant que nous voici en règle avec les réformateurs sociaux, disons quelques mots des libéraux. Oh ceux-là, je ne les confonds pas avec les socialistes, ils redemandent des libertés dont nous avons joui paisiblement pendant un demi siècle, et qui sont nécessaires à la sécurité des nations et des individus ; ils admettent des réformes sociales, mais à la condition que le raisonnement, la science et l'expérience leur donneront des solutions applicables des questions théoriques qui sont posées, et qu'ils ne jetteront pas la France dans des aventures ruineuses.

Ils demandent, La liberté de la presse ;

La liberté de réunion ;

la liberté d'association ;

le droit pour le peuple de choisir ses magistrats municipaux ;

l'intervention du jury dans les jugements de presse et dans ceux de quelques autres délits ;

l'instruction gratuite et obligatoire — ils demandent des garanties pour la sincérité du suffrage universel.

Quelques-uns même demandent l'élection des magistrats judiciaires soit par le peuple soit par leurs pairs, les gens de robe.

Toutes ces demandes sont parfaitement raisonnables, mais j'avoue que je suis effrayé de l'ardeur fanatique avec laquelle quelques-uns viennent attaquer des hommes considérables qui ont rendu des services à la liberté et à la démocratie.

Il est des hommes qui depuis dix ans ont combattu pour vous d'une manière incessante ; ils étaient deux contre cent, toujours sur la brèche ; ils ont emporté d'assaut quelques libertés dont on se sert aujourd'hui pour les combattre, on ne les trouve ni assez radicaux ni assez purs. — On reproche à celui-ci, qui a réveillé la France tout entière aux éclats de sa voix, d'avoir été ministre ; — on reproche à cet autre d'avoir manqué l'être, s'il avait obtenu toutes les libertés qui nous manquent encore.

Enfin on oppose à tous ces braves défenseurs de vos libertés des hommes inconnus qui, ont dit on cultivé l'honnêteté politique en chambre; mais qui gagneraient beaucoup à être moins ignorés, et à n'être pas pour une nation des drapeaux *d'ingratitude.*

Ils n'ont jamais commis de faute, nous dit-on, je le crois bien, ils n'ont jamais eu l'occasion d'en commettre.

Cependant aux temps où nous vivons, il faut à la députation des hommes ardents et capables de toutes les énergies ; c'est aux vieillards dont le bras affaibli ne peut plus tenir une arme, à se retirer, mais conservons les vieux généraux qui peuvent encore prendre une part active à la lutte parlementaire.

Quant aux candidats cléricaux, ils vous promettront tout ce que vous voudrez, — ils seront partisans avec vous de toutes les formes de gouvernement, royales ou radicales. — Aimez-vous l'opposition, ils flatteront votre manie. — Êtes-vous dynastiques, ils sont bien en cour. — Le parti clérical sème des espies dans tous les camps. — Les hommes de cette secte se diront libéraux, mais ils obéissent jusqu'à la servilité à un monarque étranger, ils sont ennemis par principe de toute liberté, et même de la plus sainte de toutes, celle du foyer, celle de la conscience. — Votez pour eux, et vous votez pour l'obéissance passive.

Quel doit être le vote d'un honnête homme dans les élections ? Pour moi je n'hésite pas à répondre : L'honnête homme, celui qui veut être vraiment indépendant, doit ne recevoir de mot d'ordre d'aucun parti, doit se tenir en dehors des mesquines passions de coterie ; il doit voter pour les hommes qui, pour lui, représentent les principes de liberté, de sécurité sociale et personnelle.

J'ai entendu dire à un candidat à la députation que la liberté ne pouvait qu'être reprise, mais non point accordée, et il ajoutait aussi qu'il ne saurait l'accepter comme don gracieux.

Je n'admets guère ces exagérations de langage, je n'admets pas qu'on refuse une chose à laquelle on croit avoir droit ; — qu'on proteste c'est fort bien, mais qu'on prenne toujours. — J'ai grande confiance en l'avenir, mais je ne sais quand il arrivera ; et avant de m'occuper de mes enfants et de mes neveux, je m'occupe de moi-même et n'ai pas tort, je sais ce qu'il me faut et je le veux, je veux être certain de n'être point arrêté dans les rues ou chez moi à moins d'avoir commis un crime ou un délit.

Je veux savoir sous quel régime de presse je vis. Je veux savoir ce que j'ai droit d'écrire, de dire et de penser.

Ou plutôt je réclame cette liberté et dis qu'elle m'appartient.

Enfin je veux un contrôle sévère sur les finances, et je demande que les impôts que je paie ne soient pas employés à payer le luxe de bataillons innombrables et de fêtes princières.

Je sais que nous avons reconquis quelques portions de ces libertés, — mais elles nous ont été données et non pas vendues, moins dans des accès de libéralité que dans des accès d'habileté.

Elles nous ont été d'ailleurs mesurées d'une main parcimonieuse. Ces concessions sont autant de soupapes de sûreté qu'on appliquait à la machine sociale pour prévenir les accidents. On a senti qu'on avait besoin d'un certain contrôle pour réprimer les abus nés dans le silence et qui menaçaient d'envahir l'administration ; on a permis de parler, car on avait besoin d'être averti. — Ce système de bascule a été employé avec une habileté incroyable, — mais ces capacités administratives sont purement personnelles et ne peuvent être léguées à un successeur. — Il est des qualités qui ne se développent que dans la lutte, et qui naissent du malheur. — Un enfant né dans l'opulence, à qui chacun répète dès sa naissance qu'il est un être supérieur et presque divin, peut-il apprendre à gouverner, comme on apprend une leçon ? Il faut avoir vécu parmi les hommes pour savoir les aimer, les mépriser, ou s'en servir. — Quelle intelligence d'homme ou d'enfant résisterait à vingt années d'adulation ?

Non, il faut bien le reconnaître, le peuple est à son époque de majorité. Il est de l'intérêt de ceux qui gouvernent la France d'aider la nation à être la nation, à savoir se protéger elle-même. — Ce serait une fausse politique que de prétendre maintenir le peuple en tutelle, et de vouloir laisser les honnêtes gens en tel état d'isolement, que le sort de la propriété dépendît uniquement du bon vouloir d'un ou de plusieurs.

Le temps du SPECTRE ROUGE est passé, bien passé; — on sait ce que c'est que le socialisme, — on sait que ce serait une société où tout l'avantage demeurerait au fainéant et à l'imbécile, — on sait que cette trompeuse théorie n'aboutirait qu'à transformer notre pays en une vaste caserne de soldats déguenillés et mourant de faim.

Le socialisme n'existe pas, n'a jamais existé; on s'est compté; tout le monde possède aujourd'hui, et la propriété sera défendue parce que c'est le bien de tous.

Revendiquons donc hautement nos libertés et sachons nous en servir aussi bien pour nous défendre que pour n'en pas abuser.

P. S. J'avais hésité à publier cette brochure; on m'avait presque persuadé qu'au moment présent, se séparer du parti avancé, même dans ses exagérations, c'était attaquer la liberté, ou que du moins mon opuscule serait interprété de cette façon par le peuple. J'ai réfléchi, j'ai consulté et je suis persuadé maintenant que les masses sont modérées, plus éclairées qu'on veut bien le dire, qu'elles ne demandent pas de folies, et qu'elles ne réclament que ce qui leur est dû, *la sécurité et la liberté.*

La cause démocratique n'a qu'à gagner à être défendue contre des insanités qui la compromettent et par lesquelles des hommes vendus à d'autres partis cherchent à la déconsidérer.

Que les timides et les indécis qui doutaient reviennent franchement à nous.

UN OUVRIER.

Paris. — Impr. de H. Carion. 64, rue Bonaparte. — 503